Aurelia
– Meine Gedanken machen mich stark

Affirmation und Manifestieren
für Kinder – Aurelia entdeckt das Geheimnis
für mehr Achtsamkeit, Selbstvertrauen
und Glück

Ben James Griebel

Aurelia

– Meine Gedanken machen mich stark

Inhaltverzeichnis

Aurelias magische Entdeckung

Liebste Freunde, heute habe ich etwas ganz Besonderes während meiner Entdeckungsreise erlebt. Ich habe einen sprechenden Stein entdeckt oder sagen wir, vielmehr standen auf

diesem Stein zwei Wörter. Und zwar „Ich bin …“ mit einer goldenen Schrift.

Jeder hat scheinbar eine andere Art und Weise zu sprechen.

Ich fand ihn, während ich zur Schule ging. Jeder Weg und jeder neue Tag sind nämlich eine neue Entdeckungsmöglichkeit.

Natürlich nahm ich meinen Schatz mit zur Schule und hoffte darauf, dass ich mehr erfahren würde. Denn was heißt schon „Ich bin …“? Hatte der Stein etwa vergessen, wer er war?

Willst du mit mir auf diese Entdeckungsreise gehen und herausfinden, was es mit diesem Stein auf sich hat?

Na dann komm mit.

Wer ich bin, weißt du wahrscheinlich noch nicht. Ich bin Aurelia und gehe in die vierte Klasse. Heute ist wieder einmal ein ganz besonderer Tag, denn ich habe einen Schatz gefunden.

Es ist der sprechende Stein, der auf der Suche nach sich selbst ist.

So ging ich mit meinem neuen Schatz den restlichen Schulweg entlang und dachte mir, dass ich noch mehr Steine sammeln könnte, um den Satz daraufhin zu vervollständigen. Vielleicht wollte der Stein genau das von mir.

Jedoch hatte ich keine Zeit mehr. So kam ich in der Schule mit dem Stein an, dessen Name

scheinbar „Ich bin …“ war. Wie kann man nur so heißen?

Ich habe kurz gedacht, wie das wohl sein muss, wenn man „Ich bin …“ heißt. Stell dir vor, du heißt „Ich bin …“. Jeder könnte dir 1000 Namen geben und du wüsstest gar nicht, auf welchen du reagieren sollst. Du hättest ja keine Ahnung, wer du bist. Ich weiß, wer ich bin. Ich bin Aurelia. Wer bist du? Ich glaube, ich muss dem Stein dazu verhelfen, herauszufinden, wer er eigentlich ist.

Wir hatten in der ersten Stunde Deutsch. Unsere Lehrerin heißt Frau Jansen. Frau Jansen war eine sehr liebe Lehrerin. Sie schrie nie und wenn sie doch einmal etwas strenger wurde, dann hatte sie etwas sehr Hartes in ihrer Stimme. Trotzdem war sie zugleich liebevoll. Wir lieben sie und respektieren sie ebenso, denn sie wusste ganz genau, wie man einen Unterricht gestaltet, der mit Freude gefüllt ist. Sie wusste, wie sie uns am besten begleitet. Wir hatten Tanzpausen, durften unsere Gefühle mitteilen und

mit ihr über unsere tiefsten Wünsche sprechen. Außerdem hörte sie immer zu, wenn man eine Frage oder generell etwas zu sagen hatte. Sie gab uns immer das Gefühl, dass wir alle was ganz Besonderes sind. Der Unterricht war stets frei von Bestrafungen, die uns vielleicht Angst einjagen könnten. Vielmehr meinte sie immer, dass wir sie als eine Art Begleiterin sehen sollen. Sie sagte auch, dass sie mit uns wachsen will, mit uns das Leben erforschen will und mit uns das volle Potenzial entfalten möchte. Ich fragte sie damals, was das überhaupt bedeutet – Potenzial entfalten. Sie erklärte mir, dass ich es eines Tages selbst herausfinden würde.

Während wir im Klassenzimmer saßen und uns mit den Buchstaben beschäftigten, beobachtete ich den Stein. Er lag einfach nur vor mir. „Wie konnten Steine einfach nichts tun", fragte ich mich. Denn der Stein tat nun wirklich nichts. Man sah ihn weder atmen noch mit den Augen blinzeln, noch konnte er sich irgendwie bewegen. Während sich Aurelia in die Beobachtung des Steines vertieft hatte, der die Worte „Ich bin …" auf sich stehen hatte, rief Frau Jansen sie auf.

„Aurelia, kannst du uns die Frage beantworten?"

Aurelia zuckte leicht zusammen, da sie doch so intensiv den Stein beobachtete und sich so

viele Fragen stellte. Da ist ihr entgangen, im Unterricht aufzupassen.

„Ich weiß es nicht, Frau Jansen“.

Frau Jansen sah auf Aurelias Tisch und entdeckte den Stein, den Aurelia so musterte.

„Magst du uns erzählen, was du heute für eine Entdeckung gemacht hast, Aurelia?“

„Ich habe heute einen sprechenden Stein gefunden."

Ein paar Schüler fingen an zu lachen.

„Na gut, er spricht nicht wirklich und sonst tut er auch nichts, aber er hat einen halben Namen, der auf ihm draufsteht."

„Welchen denn?", fragte Frau Jansen.

„Ich bin ... Jetzt versuche ich natürlich herauszufinden, was er denn sagen möchte oder wie sein ganzer Name ist, und ich glaube, das Allerwichtigste ist, dass ich dem Stein helfe, herauszufinden, wer er wirklich ist. Aber er spricht nicht gerade viel", erzählte Aurelia.

„Kennen Sie vielleicht seinen ganzen Namen, Frau Jansen?"

Frau Jansen zuckte mit den Schultern.

„Ich glaube, dass du ganz alleine herausfinden wirst, was es mit deinem Stein auf sich hat und wenn es so weit ist, dann kannst du uns gerne mitteilen, welche Entdeckung du gemacht hast. Vielleicht magst du dem Sein ... ähm ... ich meine dem Stein die Zeit lassen, sich hier zurechtzufinden und schenkst uns wieder deine Aufmerksamkeit. Was hältst du davon? Denn vielleicht braucht er einfach nur etwas Zeit?“, Frau Jansen grinste. Aurelia nickte und Frau Jansen fuhr mit dem Unterricht fort.

Der zauberhafte Traum

Als die Schule zu Ende ging, verabschiedete sich Aurelia noch von ihren Freunden und ging nach Hause. Auf dem Heimweg sammelte sich noch ein paar Steine, damit ihr neuester Schatz nicht so allein war. Der Tag verging so schnell und ehe sie sich versah, war es abends. So ging sie ins Bett. Sie legte ihren Schatz mit all seinen neu gewonnenen Freunden auf ihr Nachtkästchen. Ihre Mutter kam ins Zimmer und setzte sich noch kurz zu ihr aufs Bett. Sie sah die vielen Steine auf Aurelias Nachtkästchen, aber wunderte sich nicht länger, denn sie wusste, dass Aurelia immer wieder neue Schätze mit nach Hause brachte. „Aber warum wollte sie ihr nichts davon berichten?“, dachte sich kurz ihre Mutter, bis sie beschloss, darauf zu warten, bis Aurelia ihr die ganze Geschichte anvertrauen wollte. Ihre Mutter erzählte ihr noch eine kurze Gute-Nacht-Geschichte, gab ihr einen Kuss auf die Stirn und schloss dann die Tür. Nach diesem ereignisreichen Tag schlief Aurelia sehr schnell ein. Es dauerte nicht allzu lange bis sie im Land der Träume ankam. Sie sah sich in einem wunderschönen ruhigen Wald. Sie begegnete Eichhörnchen, Rehen, Bären

und noch vielen anderen Tieren. Da sah sie einen mit Blumen geschmückten Weg, den sie entlang ging. Es duftete nach verschiedensten Blumensorten wie Lilien, Rosen, Veilchen … Sie ließ sich von dem Geruch führen, bis sie wieder …

Da wurden ihre Augen so groß …

Sie fing an zu staunen.

„Da bist du ja wieder, Stein!“, rief sie. Sie rannte zu ihm hin, der sich etwas weiter vorne befand. „Was machst du denn hier?“, fragte sie ihn.

Der Stein fing an, hin und her zu wackeln. So schnell, dass Aurelia ganz verdutzt schaute. Plötzlich strahlte ein helles, weiß goldenes Licht aus diesem Stein und er verwandelte sich in ein Wesen. Es sieht aus wie ein Lichtwesen. Aurelia kam aus dem Staunen nicht mehr heraus. Sie stand vor diesem leuchtenden Wesen. Ganz unerwartet wurde es sehr warm – sowohl um sie herum als auch in ihr. Ihre Wangen nahmen eine leicht rötliche Farbe an.

„Wer bist du?“, fragte sie.

„Ich bin der Bewohner dieses Steins und wer bist du?“

„Ich heiße Aurelia und habe dich damals auf dem Weg zur Schule gefunden. Ich dachte, du hast vergessen, wer du bist, weil nur „Ich bin ...“ auf deinem Bauch oder Rücken stand. Hast du überhaupt einen Bauch oder einen Rücken?

Ich hoffe, ich habe dich nicht verärgert. Wenn du nun nicht der Stein bist, aber in dem Stein wohnst, wer ist dann dieser Stein? Und warum bist du nicht der Stein?"

„Bist du dir sicher, dass du weißt, wer du bist, Aurelia?", fragte dieses Lichtwesen mit einer melodischen Stimme.

„Ja, natürlich weiß ich, wer ich bin. Ich bin Aurelia."

„Wer ist Aurelia? Ist Aurelia glücklich, traurig, treu, lieb, nett, brav, unordentlich, chaotisch, faul oder eher wütend? Steht sie für Vertrauen, Liebe, Glück, Frieden, Wut oder vielleicht Neid? Ist sie eine tolle und treue Freundin, eine Tochter ... Wer ist Aurelia?"

Aurelia legte ihren Zeigefinger an die Nase und grübelte. Sie wusste gar nicht, was dieses Lichtwesen ihr damit sagen möchte, denn eigentlich dachte sie schon zu wissen, wer sie ist. Aber nun ist sie leicht verwirrt. Sie sah zu dem Lichtwesen hoch, welches in der Luft stand.

„Wollen wir etwas ausprobieren, Wesen namens Aurelia?"

„Ja."

„Vervollständige doch einmal folgenden Satz: Ich bin …“

„Ich bin eine tolle und treue Freundin.“

„Glaubst du daran?“, fragte das Lichtwesen.

„Ja, ich glaube daran“, bejahte Aurelia überzeugt.

„So sei es“, sagte das Lichtwesen und verschwand im Licht.

Die erste „Ich bin …"-Erfahrung

Am nächsten Morgen wurde sie von ihrem Papa geweckt. Sie öffnete ihre Augen und konnte den Tag kaum erwarten. „Guten Morgen, Papa. Heute ist wieder mal ein toller Tag." Ihr Vater musste schmunzeln, da Aurelia mit so viel Begeisterung durchs Leben schritt. Er war so dankbar, dass er sie hatte, denn sie brachte ihm bei, wieder an die Begeisterung in das Leben zu glauben. Sie stand auf. Da fiel ihr plötzlich ein, dass sie doch von dem Stein träumte. Sie wusste nicht, ob das alles nur ein Traum oder doch echt war. Sie sah zu ihrem Nachtkästchen hinüber und der Stein lag immer noch da mitsamt seinen Freunden. Sie verstand das Ganze noch nicht so, aber freute sich über den neuen Tag.

Sie zog sich schnell an, ging ins Bad, um sich ihre Zähne zu putzen und um sich zu waschen. Anschließend rannte sie zum Frühstückstisch. Aurelia aß ihr Müsli. Als sie fertig war, gab sie ihrer Mama einen Kuss auf die Wange, holte ihre Schultasche, zog sich an und nahm noch ihren Stein, ohne den sie nicht zur Schule gehen wollte. Sie flitzte aus der Tür und machte sich auf den Weg zur Schule. Auf dem Weg zur Schule begegneten ihr Eichhörnchen, süße Katzen und große Bäume. In der Schule angekommen wurde sie von ihrer besten Freundin Bonnie begrüßt.

Sie gingen zusammen in das Klassenzimmer. Dieser Raum war voller Farben und wurde mit ganz tollen Plakaten beklebt. Die ersten zwei Stunden vergingen wie im Flug. Aurelia und Bonnie gingen zusammen auf den Pausenhof, um sich von ihren Träumen zu erzählen. Während Aurelia beginnen wollte, kamen auch schon die Zwillinge. Laura und Lars. Beide ärgerten Bonnie immer. „Na, Fischauge, was hast du denn heute schon wieder an?“ Aurelias Körper fing an zu beben vor Wut. Sie stellte sich vor Bonnie und rief ganz laut: „Geht endlich weg und lasst sie in Ruhe.“

Laura und Lars waren ganz erschrocken von Aurelias Ton, da sie sie noch nie so erlebt hatten.

Sie drehten sich um und entfernten sich.

Bonnie war ganz erstaunt und umarmte Aurelia.

„Danke Aurelia, du bist so eine tolle und treue Freundin."

Da horchte Aurelia auf, denn es war genau das, woran sie geglaubt hat. Das war der vollendete „Ich bin …-Satz“ und es war auch genau der Satz, den sie ihrem Freund, dem Lichtstein sagte.

Viele Gedanken schossen ihr durch den Kopf. Langsam ging sie mit Bonnie wieder zurück ins Klassenzimmer.

Am Abend konnte sie es kaum abwarten, schlafen zu gehen. Sie wünschte sich so sehr wieder von ihrem Freund zu träumen. Sie lag schon sehr früh im Bett. Denn sie wollte endlich wissen, was es mit dem „Ich bin …-Satz“ auf sich hat. Es scheint eine Art Zauberwort zu sein. Aber das wollte sie unbedingt den Lichtstein fragen. Da bemerkte sie, dass sie ihren Stein in ihrer Jackentasche vergessen hatte. Sie rannte noch schnell die Treppe hinunter und holte ihren Freund. „Mama, ich bin bettfertig. Kannst du mir noch eine laaaange Geschichte erzählen?“

Ihre Mutter grinste und fragte sie: „Warum willst du denn jetzt schon ins Bett gehen?“

„Ich will endlich wieder träumen. Aber ich bin eigentlich noch gar nicht müde, deshalb muss jetzt die Zeit ganz schnell vergehen und du weißt, dass ich es liebe, wenn du mir was vorliest."

„Na gut, Aurelia. Dann werde ich dir nun eine ganz laaaaange Geschichte erzählen. Die Mutter schmunzelte nur und bewunderte ihre Tochter für ihr wundervolles Wesen.

Sie wünschte, sie hätte auch noch Träume, an die sie sich erinnern kann.

So gingen beide in Aurelias Zimmer. Aurelia legte ihren Stein auf das Nachtkästchen, kuschelte sich ins Bett und mummelte sich in ihre Decke ein. Ihre Mutter sah sich wieder diesen Stein an und fragte sich noch immer, was es wohl mit ihm auf sich habe.

Sie erzählte ihr eine ganz lange Geschichte, bis Aurelia endlich einschlief.

Der Zauberkessel

So schlief Aurelia tief und fest. Plötzlich sah sie sich in einem Meer voller Licht. Alles um sie herum leuchtete in einem weiß-goldenen Licht. Es schimmerte auch leicht rosa. Es war wunderschön dort, wo sie war. Sie sah sich um. Jedoch erblickte sie weit und breit niemanden. Sie rief ganz laut: „Lichtstein, wo bist du?“

Da erkannte sie, wie sich in der Ferne etwas bewegte und auf sie zu flog.

„Hallo Aurelia.“ Es war ihr Freund, der Lichtstein.

„Hallo Lichtstein. Warum sind wir heute hier?“

Der Lichtstein antwortete: „Du hast dir diesen Ort ausgesucht.“

„Aber wie kann ich mir einen Ort aussuchen, ohne zu wissen, dass ich ihn mir ausgesucht habe.“

„In deinem Inneren gibt es einen magischen Garten, Aurelia. Dort geschehen zauberhafte Dinge, genau wie das hier. Ich möchte dir etwas zeigen. Sieh genau hin.“

Aurelia sah dem Lichtstein zu, wie er plötzlich aus dem Licht einen Zauberkessel erschaffen hat. Langsam gewöhnte sich Aurelia an diese magischen Momente. Schließlich war jeder Tag voller Magie. Aber sie kam nicht wirklich aus dem Staunen heraus.

„Wofür ist dieser Kessel, Lichtstein? Und vor allem, warum steht nun wieder „Ich bin …“ auf diesem Kessel?“

„Du wolltest wissen, was es mit dem „Ich bin …“ auf sich hat. Nun möchte ich dir das erklären.

Dieser Kessel stellt die Gegenwart dar. Er symbolisiert, woraus wir alle bestehen beziehungsweise was wir alle sind. Göttlich. Wir sind alle göttliche Wesen, die im Hier und Jetzt sind. Das bedeutet „Ich bin …“ Nun haben wir aber alle die Möglichkeit uns zu erfahren. So wie du dich als treue und tolle Freundin erfahren hast, können wir uns als traurig, wütend, berühmt, liebevoll und noch so viel mehr erleben.“

„Wie hat es sich denn angefühlt, eine tolle und treue Freundin zu sein, Aurelia?“, fragte der Lichtstein.

„Es war ein wunderschönes Gefühl.“, erzählte Aurelia.

„Wenn du sagst „Ich bin lieb“, dann sprichst du einen Zauber aus. Erwachsene nennen das Affirmation. Hast du schon Mal zwei Erwachsene beobachtet, während sie ein Blatt unterschrieben, auf dem etwas geschrieben stand?“ Aurelia nickte. „So ähnlich ist eine Affirmation. Sie bestätigen einfach nur beziehungsweise sagen ja zu dem, wie sie sich erfahren wollen. Schau mal, hinter dir ist ein Blumenbeet“, sagte der Lichtstein.

Aurelia drehte sich um und sah ein Blumenbeet. Es sind genau die Blumen aus dem Wald, in dem sie im letzten Traum war.

„Jede Blume hat einen kleinen Zettel am Stiel. Als welche Blume möchtest du dich erfahren?“

Aurelia ging durch das Beet. Es gab so viele Blumen und so viele Zettel. Es gab die Blume mit dem Zettel, worauf „wütend“ stand. Dann gab es die Blume mit dem Zettel „traurig“.

So ging sie weiter, bis sie sich entschieden hatte.

„Ich entscheide mich für die Blume „traurig“.“

„Dann nimm den Zettel von der Blume und wirf ihn in den Kessel.“

So warf sie den Zettel in den Zauberkessel.

Der Lichtstein fragte sie nochmal: „Glaubst du daran, dass du traurig bist?“

„Ja, ich glaube daran, dass ich traurig bin. Ich bin traurig.“

„So sei es, Aurelia. Dann lernst du nun das Wesen „Trauer“ kennen.“, sagte der Lichtstein. Und mit diesem Satz verschwanden sowohl der Lichtstein als auch der Kessel und Aurelia wachte auf.

Die Kraft der eigenen Gedanken

Aurelia machte ihre Augen auf und sah ihre Mutter, die sie sanft weckte. Heute wachte Aurelia weder mit einem Lächeln noch mit Freude auf. „Ist alles in Ordnung?“, fragte Aurelias Mutter. Aurelia sah sie einfach nur an und wusste gar nicht, was sie sagen sollte. Sie fühlte sich nicht gut. „Mama, darf ich heute zuhause bleiben? Ich fühle mich gar nicht wohl.“

Aurelias Mutter sah sie besorgt an und nickte.

„Bleib schön in deinem Bett. Ich mache dir einen Tee. Möchtest du dein Lieblingsmüsli?“

„Nein, Mama. Ich habe keinen Hunger. Ich will einfach nur im Bett bleiben.“

Tränen liefen ihr über die Wangen.

„Was ist nur passiert, Aurelia? Hast du schlecht geträumt?“

„Nein, Mama.“

Aurelia mummelte sich wieder in ihre Decke ein. Da kam auch schon ihr Hund Fabi angerannt, hüpfte in ihr Bett und legte seinen Kopf auf ihren Bauch.

„Pass schön auf Aurelia auf, bis ich wieder hier bin.“

Aurelia sah aus ihrem Fenster, welches gleich gegenüber von ihrem Bett war. Es regnete. Selbst das Wetter war heute traurig und die Wolken weinten.

Sie drehte sich um und sah den Stein an.

„Was für ein gemeiner Stein. Wie konnte er mir nur meine Freude wegnehmen. Das konnte er doch nicht machen“, dachte sich Aurelia. Ihre Mutter kam an ihr Bett und brachte ihr einen leckeren Tee.

Aurelia setzte sich auf.

„Aurelia, mein Kind, bist du traurig?“, fragte ihre Mama.

„Ja, ich bin traurig, aber ich weiß nicht warum.“ Da dachte Aurelia wieder an den Stein und an den letzten Traum. Hatte sie sich wirklich ausgesucht, traurig zu sein? Wer sucht sich schon sowas aus? So viele Gedanken und Fragen füllten ihren Kopf.

„Mama, suchst du dir auch manchmal aus traurig zu sein?“, fragte sie ihre Mutter.

Ihre Mutter überlegte, da sie sich selbst mit der Frage noch nicht befasst hatte.

„Aurelia, ich denke, dass wir alle hier sind, um Gefühle zu erfahren. Das Wichtigste ist, dass wir zu den Gefühlen, die wir haben, nicht „Nein“ sagen, sondern sie einfach fühlen. Manchmal sind wir traurig und dann durchleben wir das, weil wir es so erleben wollen. Manchmal wollen wir uns als fröhlich erfahren. Irgendwann finden wir alle heraus, wer wir wirklich sind und was Gefühle sind. Wie fühlt es sich denn heute für dich an, einfach mal traurig zu sein?“

„Ganz schrecklich.“ Aurelia flossen wieder Tränen über die Wangen.

„Wie wäre es, wenn du dich einfach noch einmal schlafen legst. Ruh dich noch etwas aus. Weißt du, liebe Aurelia, ich denke, dass wir uns vieles aussuchen, was wir wirklich erfahren wollen. Teilweise wissen wir es und dann wissen wir vieles nicht. Vor allem wissen wir oft nicht, dass wir zu allen Erfahrungen „Ja“ sagen und gesagt haben. Aber unabhängig davon darf man manchmal grundlos traurig sein. Nicht jeder Tag ist gleich. Wenn jeder Tag gleich wäre und jede Erfahrung, könnten wir doch gar nicht lernen, oder? Und wenn wir über alles Bescheid wüssten, was wir uns ausgesucht haben, dann wäre das Leben nicht das, was es sein soll.“

Aurelia trank noch einen Schluck von ihrem Tee und umarmte ihre Mutter ganz fest. Anschließend nahm sie den Stein von ihrem Nachtkästchen, legte ihn unter ihr Kopfkissen und versuchte nochmal zu schlafen.

Als Aurelia tief und fest schlief, begann sie erneut zu träumen. Sie sah sich vor einem kleinen See sitzen. Sie hielt einen Stock in der Hand, mit dem sie im See herumrührte. Sie wusste im Traum nicht, wie sie den Zustand ändern konnte. Denn sie hatte weder einen Zauberkessel noch einen Blumenzettel. Sie wollte nicht ewig traurig sein. Während sie weiterhin im See herumrührte, entstand unerwartet ein kleiner Unterwassertornado. Wie ein Sog zog er den Stock unter Wasser. Da kam ein magischer Handschuh aus dem See. Aurelia stand auf und beobachtete ihn.

„Willst du mich auch traurig machen, denn du hast mir meinen Stock weggenommen“, sagte sie. Der Handschuh reichte ihr die Hand und bat sie mitzukommen.

„Ich kann doch noch gar nicht schwimmen.“

Der Handschuh bestand darauf. „Ich weiß nicht, ob das so eine gute Idee ist“, erwiderte

Aurelia. Da zog der Handschuhe aus seinem Inneren einen Zettel heraus.

Darauf stand: „Trau-rig = Trau dich deine Erfahrungen zu sammeln und deine Gefühle zu fühlen. Trau dich."

Sie zögerte nicht länger und ergriff den Handschuh. Sie sprang in den Unterwassertornado und kam auf einer anderen Seite raus.

„Wo bin ich denn hier gelandet? Wo sind wir hier, Handschuh?"

Aurelia sah sich um und fand wieder das Blumenbeet vor, jedoch blühte keine Blume. Sie waren alle noch verschlossen. Wie konnte sie sich nun ein anderes Gefühl aussuchen? Sie ging durch das Blumenbeet und fing wieder an zu weinen. Ein paar Tränen flossen über eine Blume und etwas Wundervolles geschah. Ein Wunder. Die Blume, über welche Aurelias Tränen flossen, begann zu wachsen, bis sie sich öffnete und das Licht der Welt erblickte. Sie benötigte nur eine Träne, um zu wachsen. Eine andere Blume ließ den Kopf hängen und ihre Blätter nahmen eine braune Farbe an. Sie sah etwas krank aus. Aurelia fühlte mit der Blume mit und ließ eine Träne über ihre Wange fließen, sodass diese Träne auch die Blume berührte. Die braunen Blätter fielen ab, aber kurz danach wuchsen wieder neue Blätter und die Blume erholte sich von ihrer Krankheit, bis sie wieder heil war und den Kopf wieder aufrichtete.

Sie öffnete sich für die Sonne und genoss ihre wärmenden Strahlen.

„Was hatte das alles zu bedeuten?“, fragte sich Aurelia.

Sie sah sich um und spürte wieder diese Wärme, wie damals im Wald.

„Lichtstein?“

„Ja, Aurelia?“

„Da bist du ja. Ich habe schon sehr lange nach dir gesucht und auf dich gewartet. Wo bist du nur gewesen?“

„Ich habe darauf gewartet.“

„Hmmm ... Ich habe auch auf dich gewartet, Lichtstein.“

Das Lichtwesen schmunzelte.

„Wie hat es sich angefühlt traurig zu sein, Aurelia? Diese Erfahrung hast du dir ja gewünscht.“

„Anfangs fand ich es ganz schlimm, traurig zu sein. Es hat sich nicht schön angefühlt, bis ich zu dem Beet gekommen bin. Außerdem hat der Zauberhandschuh geschrieben, dass Traurigkeit bedeutet, sich zu trauen, seine Gefühle zu fühlen. Als ich bei dem Beet war, konnte ich mit meinen Tränen Blumen helfen zu wachsen und wieder gesund zu werden. Ab da war die Trauer nicht mehr so schlimm. Warum ist das so, Lichtstein?“

„Alles, was du hier erlebst, hat eben schöne und nicht so schöne Seiten. Aber selbst die nicht so schönen Seiten haben wiederum schöne Seiten. Es kommt ganz darauf an, welche Seite du siehst und auf welche du dich

konzentrierst. Du hast nun gesehen, wie es ist, Traurigkeit von seiner nicht so schönen und von seiner schönen Seite zu erleben. Du kannst dir nicht nur aussuchen, was du erleben möchtest, sondern auch, wie du es erleben möchtest."

Aurelia sah den Lichtstein nachdenklich an.

„Darf ich mir nun etwas anderes aussuchen, was ich erleben möchte?"

„Ja, Aurelia."

„Aber dann brauchen wir doch dafür deinen Zauberkessel und die Zettel."

„Nein. Dafür brauchst du nur eines. Und das ist dein Glaube. Deshalb habe ich dich doch immer gefragt, ob du auch daran glaubst, dass du das bist, was du dir da ausgesucht hast."

Aurelia fing an zu grinsen und konnte es kaum abwarten, eine neue Erfahrung zu machen.

„Ich bin mutig. Ich glaube daran."

Das Lichtwesen winkte Aurelia zu.

Aurelia wachte mit einem Grinsen im Gesicht auf. Sie blickte aus dem Fenster und konnte einen wundervollen Regenbogen sehen. Die Sonne strahlte. Sie sah Fabi an.

„Komm Fabi, lass uns raus in den Garten gehen."

Fabi und Aurelia sprangen aus dem Bett. Sie liefen die Treppe hinunter.

„Mama, mir geht es wieder gut." Aurelia strahlte bis über beide Ohren.

„Mama, kann Bonnie heute noch zum Spielen kommen."

Aurelias Mutter nickte, holte das Telefon und rief Bonnies Mutter an.

Aurelia zog sich um, holte ihre Schuhe, zog ihre Jacke an und wartete draußen auf Bonnie.

Bonnie wohnte in der Nachbarschaft. Somit musste Aurelia auch nicht so lange auf sie warten. Währenddessen spielte sie mit Fabi im Garten. Sie warf den Ball und Fabi brachte ihn.

Da stand Bonnie auch schon an der Gartentür. Sie machte diese auf.

„Hallo Aurelia!", rief Bonnie. „Geht es dir denn wieder besser? Ich war sehr traurig, als du nicht gekommen bist."

„Scheinbar musste sich Bonnie die Traurigkeit auch ausgesucht haben", dachte sich Aurelia für einen kurzen Moment.

„Ich war heute auch sehr traurig und habe mich nicht wohl gefühlt, aber nun geht es mir wieder gut."

„Wollen wir Frisbee spielen?"

„Ja gerne", bejahte Bonnie.

Aurelia holte die Frisbee aus der Spielkiste. Sie spielten zusammen. Doch plötzlich flog die Frisbee so weit, dass sie in einem Baum hängen blieb.

„Oh nein, was sollen wir denn jetzt tun?“, fragte Bonnie.

Aurelia nahm ihren ganzen Mut zusammen und ging zu dem Baum. Sie hielt sich an den ersten Ästen fest und kletterte langsam nach oben.

Bonnie staunte, denn sie hätte sich so etwas nicht getraut. Aurelia war ganz nah dran. Ganz unerwartet brach ein Ast ab, doch Aurelia konnte sich mit dem rechten Fuß abstützen. Bonnie war erschrocken, zuckte zusammen und hielt sich die Augen zu. Doch Aurelia kletterte weiter, bis sie die Frisbee nach unten warf.

„Aua, das war mein Kopf, Aurelia.“

Beide lachten. Aurelia kletterte wieder nach unten.

„Juhuuuu!“, riefen beide.

„Du bist so mutig, Aurelia.“

Aurelia grinste Bonnie an und wusste, worauf das Ganze zurückzuführen war. So spielten sie weiter, bis die Dunkelheit den Tag ablöste. Beide verabschiedeten sich und gingen nach Hause.

Du bist, was du glaubst zu sein

Als Aurelia schlafen ging, blickte sie noch einmal kurz auf ihr Nachtkästchen. Der Stein war weg. „Mama, mein Stein ist weg!", rief sie ganz laut und verzweifelt.

„Wo ist er nur?" Tränen schossen ihr in die Augen.

„Lass uns zusammen nach ihm suchen, aber magst du mir währenddessen verraten, was es mit diesem Stein auf sich hat?"

Aurelia nickte und erzählte ihr die ganze Geschichte.

Da staunte die Mutter über Aurelias Weisheit, die sie durch den Stein erlangt hatte und verstand allmählich, warum der Stein so wichtig war.

„Aurelia, mein Schatz, darf ich dir noch kurz was erzählen, bevor wir weitersuchen?"

„Ja, Mama."

Mit geknickter Haltung schaute Aurelia ihre Mutter an und hörte aufmerksam zu.

„So, wie du mir das erzählst, lebt in diesem Stein eine Art Lichtwesen, oder? Wer sagt denn, dass diese Lichtwesen nicht überall wohnen und vielleicht sogar in jedem Stein, weil jeder Stein etwas ganz Besonderes ist?"

Aurelia setze wieder ihr nachdenkliches Gesicht auf.

Aber sie verstand so langsam, was ihre Mutter ihr damit sagen wollte.

Frau Jansen erzählte auch immer, dass wir alle etwas ganz Besonderes sind. Es gibt nicht nur einen Stein, der etwas Besonderes ist. Jeder Stein, jedes Lebewesen und alles, was hier auf der Erde ist, ist etwas ganz Besonderes. So kam Aurelia allmählich zur Ruhe, machte sich bettfertig und umarmte ihre Mutter.

„Danke, Mama."

Ihr Vater stand in der Tür und wünschte Aurelia noch eine gute Nacht. Aurelia sprang noch einmal kurz aus dem Bett, rannte zu ihrem Papa und umarmte diesen auch ganz fest.

„Gute Nacht, Papa. Gute Nacht, Mama“.

Da ging Aurelia ganz beruhigt ins Bett und schlief mit dem wundervollen Gedanken, dass alle etwas Besonderes sind, ein.

Aurelia schlief. Ihre Mutter schaute in der Nacht noch einmal kurz in ihr Zimmer, um zu sehen, ob alles in Ordnung war. Jedoch schien Aurelia etwas unruhig zu schlafen. Sie drehte sich hin und her.

Vielleicht träumte sie einfach nur sehr wild. Aurelia rannte in ihren Träumen schnell weg. Aber vor was rannte sie davon? So viele Worte, die ihr hinterherflogen. Es war, als wären es sehr dunkle Sprechblasen. Die Stimmen dieser Sprechblasen wurden sehr laut und immer lauter.

„Du bist faul und unordentlich."

„Du bist gemein".

„Du bist nicht gut genug."

„Du bist keine tolle Freundin."

„Du bist nichts und kannst nichts."

Da blieb sie im Traum plötzlich stehen und schrie aus vollem Halse.

„Lasst mich in Ruhe! Geht weg!"

„Lichtstein, wo bist du?", rief sie ganz laut.

Es wurde wieder warm und hell um sie herum. Das Lichtwesen erschien ihr, während sie durch dunkle Gassen lief. Die Sprechblasen schwebten weiterhin in der Luft, jedoch verfolgten sie Aurelia nicht mehr. Sie kreisten nicht mehr um sie herum, sondern verweilten an Ort und Stelle.

„Lichtstein, ich weiß, dass ich mir die Trauer und alles ausgesucht habe, aber was ist das nun? Ich habe mir doch all diese Worte nicht ausgesucht.“

„Nichts begegnet dir, was du dir nicht ausgesucht hast, Aurelia. Es kommt jedoch darauf an, ob du daran glaubst, was dir begegnet“, erklärte das Lichtwesen.

„Also bin ich gar nicht unordentlich oder faul?“, fragte Aurelia.

„Das entscheidest du, Aurelia. Wenn du diesen Worten dein „Ja“ gibst und daran glaubst, dann schon. Wenn nicht, dann nicht.“

„Wenn andere Kinder oder irgendwer anders etwas sagt, was ich bin, dann entscheide ich, ob ich das auch wirklich bin und sein möchte?“, fragte Aurelia.

„So ist es“, bestätigte das Lichtwesen.

„Das heißt, dass Bonnie jetzt vielleicht sogar denkt, dass sie ein Fischauge ist, weil Laura und Lars das immer zu ihr sagen. Ich will ihr unbedingt mitteilen, dass sie das nicht glauben muss und dass sie das nicht ist, solange sie nicht daran glaubt. Bloß weil andere etwas sagen, heißt es noch lange nicht, dass wir das auch sind“, ergründete Aurelia.

„Liebe Sprechblasen, schön, dass ihr da wart und mir die Möglichkeit gegeben habt zu entscheiden, ob ich das alles sein möchte. Aber ich möchte das alles nicht sein. Vielleicht werde ich das irgendwann so erfahren, aber nicht jetzt. Ich entscheide mich für Freude. Ich bin Freude!“, rief Aurelia zu den Sprechblasen.

Sie lernte nämlich freundlich, höflich und respektvoll zu bleiben, solange es geht. Schließlich wollte sie auch so behandelt werden. Sobald es nicht mehr ging, konnte sie auch mal laut werden, aber jetzt gab es keinen Grund. Die Sprechblasen entschieden zu bleiben.

„Lichtstein, warum gehen sie nicht weg?“

„Vielleicht wollen sie dir irgendwann noch einmal etwas mitteilen. Aber jetzt ist es noch nicht so weit. Denke auf jeden Fall daran, dass du entscheidest, wie du dich erfahren willst und keine Sprechblasen von außen.“

„Danke Lichtstein.“

Am nächsten Morgen wachte Aurelia auf und war etwas nachdenklich.

„Du hast sehr unruhig geschlafen. Hast du denn etwas Schlechtes geträumt, Aurelia?“, fragte ihr Vater.

„Ich habe etwa sehr Komisches geträumt. Sonst geht es mir gut, Papa.“

Aurelia gab ihrem Vater eine Umarmung, stand auf und machte sich fertig für die Schule.

Ihr Vater sah etwas unter ihrem Kopfkissen liegen.

„Aurelia, was hast du da unter deinem Kopfkissen?“

Aurelia, ging zu ihrem Bett und hob das Kopfkissen hoch. Sie strahlte über beide Ohren.

„Lichtstein! Da bist du! Den habe ich gestern Abend überall gesucht. Danke, Papa!“

Angezogen und schulfertig ging sie runter und aß noch ihr Lieblingsmüsli.

Als sie fertig war, zog sie noch ihre Schuhe an und machte sich auf den Weg.

Vor ihr lag plötzlich noch ein Stein mit einer goldenen Schrift.

Darauf stand „..., der ich bin."

Sie legte ihren Stein neben den anderen.

„Ich bin, der ich bin."

„Ich glaube, ich habe nun einen passenden Freund für dich gefunden."

Sie steckte beide Steine in ihre Jackentasche. Sie wusste, dass sie irgendwann die genau Bedeutung herausfinden würde.

In der Schule wurde sie von einem neuen Mitschüler angehalten.

„Wie siehst du denn aus?", rief er.

„Wer bist du denn? Ich kenne dich gar nicht. Bist du neu hier?", fragte Aurelia.

„Du bist einfach nur hässlich", sagte er.

Aurelia sah ihn an und erinnerte sich an das, was der Lichtstein ihr erzählt hat.

„Das glaube ich nicht und das will ich auch gar nicht sein. Ich bin hübsch."

So ging sie weiter an dem neuen Schüler vorbei und sah ihre Freundin Bonnie schon winken.

Beide gingen ins Klassenzimmer.

Sie liefen zum Tisch.

„Na Aurelia, magst du uns als Morgengeschichte erzählen, was es nun mit dem Stein und den Worten „Ich bin …“ auf sich hat und magst du dazu nach vorne kommen?“

Aurelia stand auf, ging zur Tafel und lächelte Frau Jansen an. Sie verkündete: „Ich bin und den Rest darf ich mir hier aussuchen. Aurelia, Bonnie, Lars oder Laura – alle Namen – sind genauso ein Wort wie Freude, Licht, Liebe oder Frieden. Sie haben alle eine große Kraft. Ich bin Aurelia, aber auch Freude, Licht oder Liebe und noch so viel mehr, wenn ich möchte. Und weil ich den Frieden und die Freude so liebe, bin ich der Frieden und die Freude."

Frau Jansen lächelte zurück. Aurelia ging zu Frau Jansen.

„Darf ich Ihnen noch etwas zuflüstern, Frau Jansen?"

Frau Jansen nickte und ging auf Aurelias Höhe. Als Aurelia fertig war, setzte sie sich zurück an ihren Tisch und hörte im Unterricht ganz aufmerksam zu.

Aurelias und dein Schulprojekt

„So, nun bitte ich euch darum, dass ihr euch alle anzieht, denn in der letzten Stunde gehen wir zusammen raus“, sagte Frau Jansen.

Alle sahen Frau Jansen verwundert an, nur Aurelia nicht, denn sie wusste, was nun auf sie zukam.

Die ganze Klasse ging raus.

„Jeder sammelt drei bis fünf Steine. Ich habe sehr viel Kreide mitgebracht. Ihr dürft euch jeweils zwei Farben aussuchen. Auf euren Hauptstein schreibt ihr „Ich bin …“ drauf und auf die anderen, was auch immer ihr erfahren oder sein möchtet. Zum Beispiel stark, mutig, tapfer, lieb oder groß, aber es gehen auch Wörter wie Frieden, Freude, Licht.“

Während die Schüler alle Steine sammelten und sie mit tollen Worten schmückten, suchte

Aurelia mit Frau Jansen Steine für das Klassenzimmer. Sie schrieben auf den ersten Stein „Ich bin…“ und auf die anderen „Frieden“, „Freude“, „Glück“, „Licht“ und „Liebe“.

Auf dem ganzen Hof waren daraufhin Steine mit tollen Wörtern verteilt. Die ganzen Schüler freuten sich über dieses Projekt und Aurelia blickte ganz zufrieden um sich herum. Sie freute sich schon auf ihr nächstes Abenteuer und somit auch auf ihre nächste Entdeckungsreise.

Hallo lieber Freund, liebe Freundin,

Wer willst du sein und welche Erfahrungen willst du hier machen?

Sammle ein paar Steine und schreibe „Ich bin …“ auf einen davon. Verwende dafür einen Stift oder Kreide nach deiner Wahl. Daraufhin schreibst du deine erwünschten Gefühle auf die anderen Steine. Oder etwas, was dir einfällt, was du fühlst. Ich gebe dir folgende Beispiele: „Ich bin Licht“, „Ich bin Freude“, „Ich bin Liebe“, „Ich bin glücklich“, „Ich bin gut, genau so wie ich bin“, „Ich bin erfolgreich“, „Ich bin mutig“, „Ich bin Fülle“. Und dann bitte ich dich noch um eine Kleinigkeit. Damit es auf der Erde mehr Frieden gibt, sammelst du zwei ganz besondere Steine und auf einen schreibst du „Ich bin …“ und auf den anderen „Frieden“, sodass sich der Frieden auf der ganzen Erde ausbreitet. Schieße dazu gerne ein Foto und lade es auf deinem Instagram-Account hoch. Es sollte mit dem Hashtag „#Frieden“ versehen werden. Gerne darf auch auf deinem Instagram-Account auf meine

Website www.benjamesgriebel.de oder auf meinen Instagram-Account @benjamesgriebel sowie auf den Instagram-Account des Verlags @eulogiaverlag verwiesen werden.

Lass uns daraus ein großes Friedensprojekt machen. Fragt eure Lehrer, Eltern und einfach alle.

Hab ganz viel Freude dabei und denk daran, du darfst dir hier aussuchen, was du erleben möchtest und wer du sein möchtest.

Bonus:

Lieber Vater und liebe Mutter, danke, dass du dieses Wunder auf Erden begleitest. Nun hast du das Buch gelesen und hast mit Sicherheit die Wichtigkeit der Affirmationen verstanden. Sobald das Kind vermehrt negative Affirmationen gespeichert hat, wird es auch nicht das Potenzial leben können, welches es leben könnte. Um so wichtiger ist es, den eigenen Geist und den Geist des Kindes zu schulen.

Was braucht das Kind noch, um das vollste Potenzial leben zu können und vor welchen Herausforderungen steht das Kind?

Damit du das noch mal genauer herausfindest, spreche mit mir in einer gratis Potenzial-Analyse deines Kindes. Scanne den QR-Code, um einen Termin zu vereinbaren.

Mein Dank geht auch an alle Lehrer, Bezugspersonen, Erzieher, die sich sehr viel Mühe geben. Gerne biete ich auch Vorträge für Grundschulen an. Dazu ist eine Kontaktaufnahme über meine Website mit der Anfrage „Vortrag in Grundschulen“ möglich.

Liebe Leserin, lieber Leser,

hat Ihnen dieses Buch gefallen? Wir freuen uns über Ihre Verbesserungsvorschläge, Kritik und Fragen zum Buch.

Die Meinung und Zufriedenheit unserer Leserinnen und Leser ist uns sehr wichtig.

Kontaktieren Sie uns deshalb gerne und schreiben uns eine E-Mail an *feedback@eulogiaverlag.de*

Wir freuen uns auf Ihre Nachricht.

Herzlichst

Ihr Eulogia Verlags Team

Meine Freunde die Gefühle

Das große Buch über Gefühle für Kinder: Wut, Angst, Neid und Traurigkeit verstehen – Das fühle ich und das ist auch gut so!

Dieses einzigartige Buch unterstützt Kinder bei den ersten herausfordernden Auseinandersetzungen mit komplizierten Gefühlen und Emotionen – Wut, Angst, Neid und Traurigkeit verstehen.

Die verschiedenen Geschichten behandeln jeweils eine Empfindung und helfen Kindern, die Zusammenhänge besser zu verstehen sowie den Umgang zu erleichtern. Unterstützt wird dies noch zusätzlich durch die übersichtliche Struktur und die ausgeklügelte Herangehensweise. Die Geschichten sind so verfasst, dass die Kinder direkt einen Bezug zu den Protaginsten aufbauen können und so lernen sie nach und nach die Wut, die Traurigkeit, den Neid und die Angst kennen.

ISBN: 978-3-96967-162-7

Preis Softcover Ausgabe: 10,90 €; Preis eBook: 8,99 €
Erhältlich auf Amazon und im stationären Buchhandel
QR-Code zur Amazon Verkaufsseite:

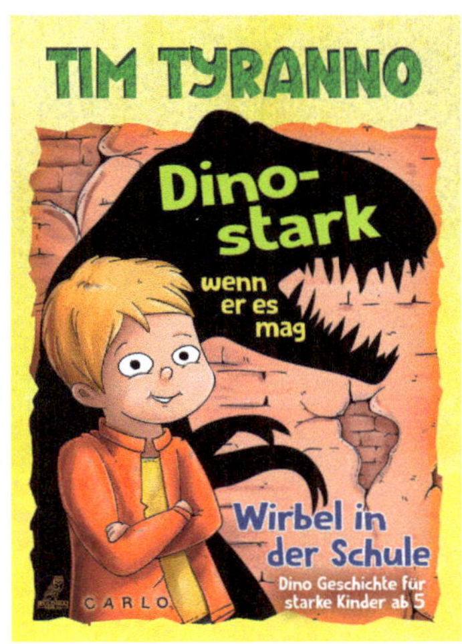

Tim Tyranno – Dino-stark, wenn er es mag

Wirbel in der Schule – Dino Geschichte für starke Kinder ab 5

Die einzigartige Geschichte von „Tim Tyranno“ ist unterhaltsam und vermittelt gleichzeitig wichtige Werte für Kinder

Wer wünscht sich nicht, so stark zu sein wie ein Dinosaurier? Nun, für Tim wird dieser Wunsch wahr! In einem magischen Traum verrät dem kleinen Dinosaurier-Fan ein riesiger Tyrannosaurus Rex einen merkwürdigen Tanz. Mit diesem Tanz kann sich Tim für kurze Zeit mit der Kraft der Dinosaurier verbinden und so stark wie ein T-Rex werden. Denn auch wenn die Dinosaurier ausgestorben sind – ihre Kraft ist immer noch da.

Tims neue Kräfte sind schneller gefragt, als er es sich gedacht hat: An seiner Schule passiert ein Einbruch und Tim ahnt, wer der Täter sein könnte…

„Tim Tyranno – Wirbel in der Schule“ richtet sich an Kinder ab 5 Jahren und eignet sich sehr gut zum Vorlesen. Das Buch erzählt nicht nur eine lustige und spannende Geschichte mit viel Dino-Gebrüll, sondern regt auch zu Gesprächen über Mut, Freundschaft und Selbstbewusstsein an. Nebenbei werden interessante Fakten über Dinosaurier vermittelt.

ISBN: 978-3-96967-245-7

Preis Softcover Ausgabe: 12,90 €; Preis eBook: 9,99 €
Erhältlich auf Amazon und im stationären Buchhandel
QR-Code zur Amazon Verkaufsseite:

Bibliografische Information der Deutschen Nationalbibliothek.

Die Deutsche Nationalbibliothek verzeichnet diese Publikation in der Deutschen Nationalbibliografie; detaillierte bibliografische Daten sind im Internet über http://dnb.dnb.de abrufbar.

Für Fragen und Anregungen:
info@eulogiaverlag.de

ISBN Print: 978-3-96967-287-7
ISBN E-Book: 978-3-96967-288-4

Originale Erstausgabe 2021

Eulogia Verlags GmbH
Gänsemarkt 43
20354 Hamburg

Lektorat: Ramon Thorwirth
Satz und Layout: Tomasz Dębowski
Umschlaggestaltung: Aleksandar Petrović